2~3岁幼儿多元智能开发

吉林出版集团|吉林摄影出版社
·长春·

图书在版编目(CIP)数据
2～3岁幼儿多元智能开发 / 河马文化编. -- 长春 :吉林摄影出版社，2012.7
（幼儿多元智能开发）
ISBN 978-7-5498-1225-7
Ⅰ. ①2… Ⅱ. ①河… Ⅲ. ①智力开发－学前教育－教学参考资料 Ⅳ. ①G613
中国版本图书馆 CIP 数据核字(2012)第 124654 号

YOUER DUOYUAN ZHINENG KAIFA

编　　著 / 河马文化
出 版 人 / 孙洪军
选题策划 / 张　弘
责任编辑 / 王　岩
开　　本 / 880mm×1230mm 1/20
印　　张 / 8
字　　数 / 18.5 千字
版　　次 / 2012 年 7 月第 1 版
印　　次 / 2013 年 2 月第 3 次印刷

出　　版 / 吉林出版集团
吉林摄影出版社
发　　行 / 吉林摄影出版社
地　　址 / 长春市泰来街 1825 号
邮　　编 / 130062
电　　话 / 总编办：0431-86012616
发行科：0431-86012602
0431-85077296/97/98
印　　刷 / 沈阳怡诚联合科技有限公司

ISBN 978-7-5498-1225-7　　定 价 / 18.80 元

目录

智力

数 学

语 言

常 识

亲子故事

好习惯

人际交往

艺 术

亲子游戏

智力

- 能找出相似两幅图中明显的不同；
- 了解事物之间的简单联系；
- 具备一定的逻辑推理能力；
- 会区分左右、远近，空间感知能力增强；
- 能按要求对事物进行分类；

……

谁不见了（视觉）

宝宝说一说图中有哪些小动物。宝宝再看一看，哪个小动物不见了。

小提示　妈妈先让宝宝逐个记忆左图中的三个小动物，然后遮住左图，指着右图问宝宝：“哪个小动物不见了？”这种问答式的训练，能帮助宝宝回忆所记忆的事物，增强视觉记忆能力。

小猫爬树（比较）

智力

两只小猫在爬树，哪只小猫爬的树粗？哪只小猫爬的树细？宝宝说一说吧！

小提示　妈妈可以利用实物帮宝宝建立“粗”与“细”的概念，如比较宝宝的胳膊与妈妈的胳膊。让宝宝在对比训练中，寻找事物之间的不同，感知“粗”与“细”的相对性。

前与后（空间知觉）

马路上好多汽车啊！请宝宝给粉色汽车前面的车涂上黄色，后面的车涂上蓝色。

小提示　妈妈可以先通过实际操作让宝宝理解“前”与“后”的概念，如让宝宝按照指令分别站在妈妈的前面和后面。等宝宝理解后，再来完成这个练习。

小丑的帽子（观察力）

智力

小丑们正在表演有趣的节目，有两个小丑的帽子颜色是一样的。请宝宝来指一指吧！

小提示 这个活动既训练了宝宝的观察力，又考查了他的颜色认知能力。练习时，妈妈先引导宝宝观察帽子都是什么颜色的，然后再找颜色相同的帽子。

智力

找小猫（注意力）

小猫在和宝宝捉迷藏呢！宝宝知道小猫藏在哪儿了吗？快来找一找吧！

小提示

宝宝的注意力集中时间较短，妈妈可以通过编小故事来引起宝宝的兴趣。在讲故事的过程中，妈妈可以对宝宝进行提问，如“皮球后面有什么？”或“小猫在什么下面呢？”

谁的帽子（事物联系）

智力

桌子上有一顶帽子，是哪个小动物的呢？请宝宝把它圈出来吧！

小提示　完成这道题的关键是让宝宝仔细观察三个小动物的头部特征，可以运用排除法帮助宝宝做出判断。妈妈要适当给予引导。（帽子是老鼠的。）

采蘑菇（判断力）

草地上长着蘑菇!哪朵蘑菇离小白兔近？请宝宝找出来吧!

小提示　妈妈可以先让宝宝说出图中有几朵蘑菇,然后再让宝宝用手指量一量每朵蘑菇到小白兔的距离,这样就加深了宝宝对“远”和“近”这两个概念的直观认识。

长和短（比较）

小猴和小兔都拿着竹竿。请宝宝指一指谁的竹竿长，谁的竹竿短。

小提示　妈妈先用实物来让宝宝区分长短，如长短不一的两根筷子，再引导宝宝比一比竹竿的长短。待宝宝熟练后，可以让宝宝比较毛巾、纸条等物品的长短，加深宝宝的印象。

智力

动物园（视觉）

请宝宝认真看左图两分钟，记住图中的动物。然后观察右图，看看动物发生了什么变化。

小提示　妈妈先让宝宝记住左图中的动物，然后在宝宝观察右图时对宝宝提问：“这幅图中有哪些动物？比左图多了哪几个动物？”如果宝宝一遍记不住可以多重复几遍。

鱼儿水中游（观察力）

大海里有许多小鱼欢快地游着，请宝宝把长得一模一样的两条小鱼找出来。

小提示

培养宝宝的观察力，应从他们感兴趣的事物开始。在活动中，妈妈要有意识地引导宝宝有次序地观察每一条鱼，然后再做出判断。

放风筝（空间知觉）

三个小朋友谁的风筝飞得最高？谁的风筝飞得最低？宝宝来说一说吧！

小提示　妈妈可以通过生活中的实物来让宝宝理解“高”“低”的概念，如让宝宝观察家中处在不同位置的物品——天花板上的灯，墙上的相框，桌上的书本，地上的玩具等。

找老虎（注意力）

图中藏着几只老虎？宝宝快把它们找出来吧！

小提示　如果宝宝找不到图中的老虎，妈妈可以指着图中的树、石头问宝宝："这里有没有老虎？"这样可以引起宝宝的注意。（图中共有3只老虎。）

智力

谁是第一名（判断力）

森林里召开运动大会，哪个小动物是第一名？请在它下面的○里画“√”吧！

小提示　解题前妈妈可以告诉宝宝：名次越往前的小动物所站的领奖台越高。然后再让宝宝观察哪个小动物所站的领奖台最高。

被子（比较）

柔软的被子真舒服呀！请宝宝指一指哪个小朋友的被子最厚。

小提示　妈妈可以把家里薄厚不同的被子拿给宝宝看，通过实物让宝宝理解“薄”和“厚”的概念，然后再让宝宝看图，达到通过看图能对薄厚做出比较的能力。

该放在哪儿（分类）

小汽车应该放在哪个柜子里呢？请宝宝说一说吧！

小提示　先引导宝宝说一说，每个玩具柜里都放着什么。宝宝会发现：一个玩具柜里放的是小汽车，一个玩具柜里放的是玩偶。之后，宝宝就会把小汽车归类到相应的柜子里了。

出现在哪里（事物联系）

下面的小朋友分别应该出现在哪个场景中呢？连一连吧！

小提示 妈妈可以先让宝宝观察三幅场景图，判断出三幅图分别表示的是哪个季节，再根据小朋友的衣服判断出他们应该出现在哪幅图中。

智力

左手和右手（空间知觉）

沙滩软又软，沙滩黄又黄；我把小手印，留在沙滩上。请宝宝说一说：哪个手印是左手印出来的？哪个手印是右手印出来的？

小提示　妈妈可以先让宝宝认识自己的左手和右手，然后让宝宝把自己的手贴在图中的手印上试一试，引导宝宝通过实践找出答案。

小鹿的生日（观察力）

智力

今天是小鹿的生日，朋友们都来祝贺它并带了礼物。你知道哪两个朋友带的礼物是一样的吗？

小提示　妈妈先让宝宝观察图，然后问宝宝：“谁给小鹿送礼物了？”“它们都带来了什么礼物？”再提醒宝宝找出相同的礼物，培养宝宝对事物进行有目的地细致观察的能力。

智力

春天来了（比较）

春天来了，青蛙和小蝌蚪在池塘里快活地玩呢。宝宝来看一看，青蛙和小蝌蚪哪个多，哪个少。

小提示　妈妈提醒宝宝直接观察青蛙和小蝌蚪的多少，不必让宝宝数出青蛙和小蝌蚪的数量，只让宝宝说出对“多”“少”的直观印象，加深宝宝对“多”“少”概念的理解。

小魔女的扫帚（对应）

小魔女，学魔法，飞天扫帚本领大。请宝宝给每个小魔女分一把扫帚吧！

小提示　这是一道关于对应的数学练习。如果宝宝不理解，妈妈可以在现实中为宝宝演示，如把三个梨分给爸爸、妈妈、宝宝各一个，让宝宝理解什么是对应。

背面的样子（空间知觉）

三个玩具的背面分别是什么样子呢？请宝宝想一想，连一连吧！

小提示 妈妈平时整理物品时，可以一边教宝宝认识物品，一边有意识地让宝宝从各个角度观察物品，培养宝宝的空间知觉能力。

藏起来的小动物（注意力）

大图中藏着三个小动物：长颈鹿、狐狸和小猫。宝宝能找到它们吗？

小提示　引导宝宝按照从左至右的顺序看图，看图时可以让宝宝一边用手指着一边找，这样就不容易遗漏掉哪个小动物了。这个活动可以锻炼宝宝根据局部判断整体的思维能力。

智力

伞花花（观察力）

下雨了，街上开满了伞花花。有两个小朋友的伞是一样的，你能找出来吗？

小提示　先让宝宝看图，鼓励宝宝说出“下雨啦”，再提示宝宝说出下雨时需要用雨伞，最后引导宝宝看哪两把雨伞是一样的。利用自然和生活常识来引出主题，减少直接观察的枯燥。

宝宝需要什么（事物联系）

请仔细观察图中宝宝的动作，猜猜他们都需要什么，然后再和相应的物品连起来吧！

小提示　妈妈先让宝宝说出每个小朋友分别在做什么，再让宝宝做出判断。如果宝宝答不上，妈妈可以用实际动作和物品来引导宝宝。

智力

小狗的影子（空间知觉）

三只小狗真可爱！请宝宝把它们的影子找出来，再连一连吧！

小提示　先引导宝宝观察一只小狗的特点，然后再和每个影子仔细对照，用排除法找答案。这样既可以教会宝宝观察的方法，也可以培养宝宝的观察习惯。

分餐具（对应）

晚餐准备好了，请宝宝给一家人分发餐具吧！

小提示 这种关于对应的练习，可以培养宝宝的分析、判断能力。在生活中妈妈应多让宝宝练习给家人分发物品。宝宝熟练后，可以让他给更多的人分发物品。

走迷宫（注意力）

小男孩要避开小怪兽，到达宫殿。他该怎么走呢？宝宝帮帮他吧！

小提示 先让宝宝指出小男孩的位置，再指出宫殿的位置，接着问宝宝："为了不被小怪兽吃掉，小男孩应该走哪条路呢？"这样，宝宝很自然地就会指出中间的那条路。

小花狗的照片（观察力）

小花狗在公园里照了很多照片。宝宝快来找一找，下面哪两张是小花狗的照片。

小提示 妈妈先让宝宝认一认小花狗，记住小花狗的样子，然后再引导宝宝逐一看照片，从中找出答案。认小花狗，能训练宝宝的有意注意；找小花狗的照片，能增强注意效果。

美丽的树叶（判断力）

小兔子拿着的树叶是从哪棵大树上落下来的呢？请宝宝指一指。

小提示　妈妈可以先引导宝宝观察两棵树上的树叶形状有区别，然后提示宝宝：小兔子手里的树叶和哪棵树的树叶形状相同，就是从哪棵树上落下来的。

乖乖猪的照片（观察力）

乖乖猪的两张照片有 3 处不同，请宝宝找出来吧！

小提示　妈妈要引导宝宝有规律地观察照片，先观察小猪，再观察草地，最后观察房子。（3 处不同分别是：小猪衣服的颜色，照片右侧草地上的花朵，紫色房子。）

智力

唱歌的青蛙（注意力）

“呱呱呱，呱呱呱，春天来了，春天来了。”宝宝找一找，哪只青蛙在开口唱歌。

小提示 妈妈引导宝宝顺次观察图中的三只青蛙，让宝宝找出有区别的一个。然后，妈妈可以问宝宝：“青蛙唱歌的时候和宝宝一样吗？”通过趣味问答，能培养宝宝注意力的稳定性。

小朋友的影子（空间知觉）

哪个影子是图中小朋友的？请宝宝找一找吧！

小提示　这是一道找影子的空间训练题。几个影子有一定的相似度。可以让宝宝先观察图中小朋友的特点，比如伸出一只手臂，然后再根据小朋友的这个特点找出他的影子。

小熊的床（对应）

小熊要睡觉了，宝宝看一看它应该睡哪张床吧！

小提示 妈妈先引导宝宝观察三张床，比较三张床的大小，然后再让宝宝观察墙上的照片，比较小熊和熊爸爸、熊妈妈的体格大小，最后提示宝宝按三只熊的体格大小来给它们分配床。

小鸟在哪里（分类）

大树是小鸟的家，宝宝把图中的小鸟都找出来吧！

小提示　这个练习是让宝宝为小鸟和昆虫分类，妈妈要帮助宝宝区别哪些是昆虫，哪些是小鸟。平时妈妈可以利用动物卡片或书籍让宝宝了解不同种类动物的特征。

智力

找蜜蜂（注意力）

调皮的小蜜蜂藏在了花丛中。宝宝认真找一找，一定能够找到它。

小提示　妈妈要引导宝宝按从上到下或从左到右的顺序在图中找蜜蜂。活动过程中，妈妈要不断提醒宝宝，训练宝宝的有意注意。（图中共有3只蜜蜂。）

数学

- 认识5以内的数字；
- 掌握5以内数与量的对应；
- 掌握5以内数字的顺序；
- 认识基本图形：方形、圆形和三角形；
- 初步了解常见立体图形；

……

数一数 画一画

请宝宝在数量是“2”的物品旁边画○，在数量是“3”的物品旁边画□，在数量是“5”的物品旁边画△。

小提示　妈妈在教宝宝学数学时，一定要将数字与实物对照起来教，比如可以教宝宝手口一致地点数。通过点数能让宝宝了解数与量的对应关系。

连数字

每个稻草人身上都有一个数字，请宝宝把它们身上的数字和表示数字的手势连起来。

小提示 妈妈先让宝宝读出稻草人身上的数字，然后再说出四个手势分别表示的数字，如果宝宝不知道每个手势代表的数字，可以让宝宝依次数出每只手伸出手指的数量，再连线。

动物宝宝

图中的长颈鹿妈妈、斑马妈妈、猴子妈妈和狮子妈妈，谁有两个宝宝呢？

小提示　完成这道题的关键是让宝宝把动物妈妈和动物宝宝区分开，然后再点数出动物宝宝的数量，找到数量是 2 的。

隐藏的数字

图中的风景多美丽啊！请宝宝找出其中隐藏的数字，用笔描一描吧！

小提示　找数字前，要先考查宝宝是否认识数字1、2、3。如果宝宝还没有完全掌握，就应先帮宝宝重新认识这几个数字，然后再进行找数字的活动。

数学

认识数字 4

请宝宝数一数图中哪些小动物的数量是 4，把它们找出来吧！

小提示 妈妈先引导宝宝看整幅图，说出图中都有哪些小动物，再让宝宝依次数出小鸟、鸭子、兔子的数量。

认识数字 5

宝宝数一数图中的白菜和西红柿各有多少吧!

小提示　让宝宝用手指着白菜和西红柿一个一个地数，如果宝宝点数时遇到困难，妈妈可以适当地提示宝宝。这个活动同时训练宝宝的注意力。

数学

老鼠找蛋糕

小老鼠只有按照数字 1~5 的顺序走才能拿到蛋糕。请宝宝帮它画出路线吧！

小提示 做这道题之前妈妈应先考查一下宝宝对 1、2、3、4、5 这五个数字的掌握情况，然后再引导宝宝从数字 1 走到数字 5。

海洋动物

每组海洋动物各有多少？请宝宝数一数，再和对应的数字连线吧！

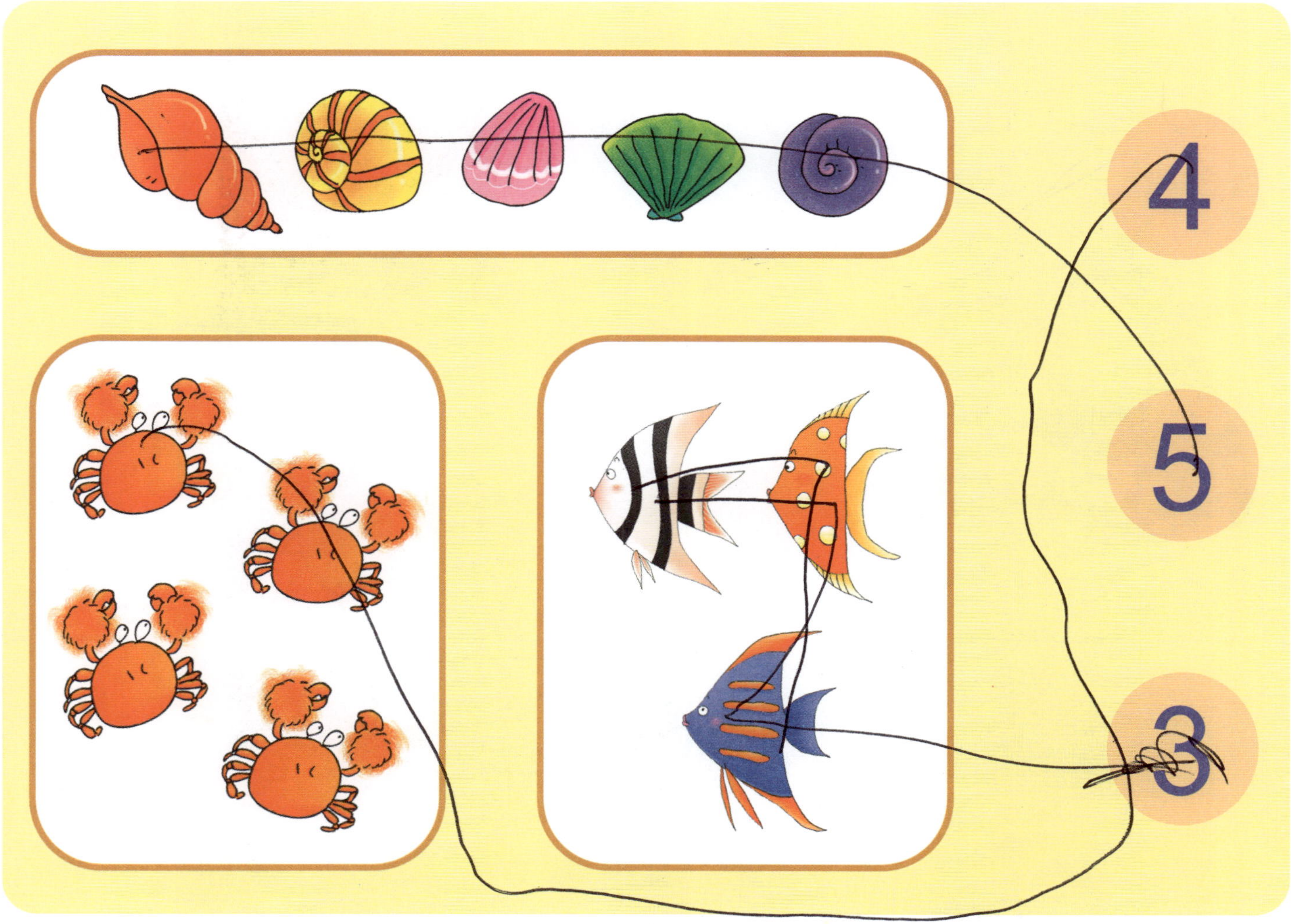

小提示　这是一个数与量对应的练习。妈妈可以先让宝宝认一认图中的数字，然后再一组一组点数海洋动物的数量，并连线。

有趣的钟表

每个小动物的钟表是什么形状的？请把钟表和对应形状的图形连线吧！

小提示　妈妈先引导宝宝观察每个图形，让宝宝说出它们的名称，再看看哪个钟表与图形的形状相同，之后再连线。

为图形涂色

请宝宝根据左图中图形的颜色，给右图中相应的图形涂上相同的颜色。

小提示　妈妈可以先让宝宝指认左图中的三个图形，然后再一一说出右图中每个图形的名称，最后再给图形涂上相应的颜色。

好看的图形画

请宝宝在图形画中找出例图中的图形，并涂上相应的颜色。

小提示　完成这个练习的关键是在图形画中找出和例图相同的图形。在反复的图形认知练习中，宝宝对不同图形的特征会掌握得更加牢固。

找盒盖

数学

哪个盒盖和罐子是一套的呢？请宝宝把它圈出来吧！

例

小提示　妈妈应先让宝宝观察罐子的罐口部分是什么形状，然后再从三个盒盖中找出和罐口的形状相同的一个。

相同的形状

请宝宝从下面找出和例图中的立方体形状相同的东西，连一连吧！

小提示 妈妈要先帮助宝宝观察立方体四四方方的特点，然后再找出与其形状相同的东西。生活中，妈妈可以用积木、图片等帮助宝宝在游戏中认知立体图形。

语言

- 语言能力显著提高；
- 会说简单的动词、形容词和拟声词；
- 会说完整的简单句子；
- 会背诵一些简单的古诗、儿歌等；
- 好奇心强，喜欢问问题；

……

爸爸、妈妈和我

宝宝来说一说爸爸、妈妈和自己的名字吧!

爸爸的名字是__________,妈妈的名字是__________,宝宝的名字最好听,那就是__________。

小提示 妈妈在题中的横线上写出相应的名字,读给宝宝听,再结合图片训练宝宝重复记忆。通过这种训练,能加深宝宝对自己及父母名字的印象,提高宝宝的语言水平。

幸福的一家

宝宝看图说一说，图中的爸爸在哪里呢？

小提示　让宝宝观察照片，找出爸爸，并提示宝宝指着照片说：“爸爸在这里。”通过游戏，让宝宝学习正确称呼家里的人，培养宝宝的语言表达能力。

语言

你认识吗

好多水果呀！宝宝指一指，认一认，它们都叫什么名字吧！

小提示 妈妈让宝宝一个一个地指认水果，并说出名称。如果宝宝发音不清晰，妈妈应及时纠正。通过观察、指认，提高宝宝对画面的理解力，训练宝宝正确发音。

做做操

语言

请宝宝跟着妈妈念儿歌，再说一说图中的小朋友在做什么。

大公鸡，喔喔叫，
小朋友，起得早。
伸伸腿，弯弯腰，
摇摇头，跺跺脚。
大家一起做早操，
坚持锻炼身体好。

小提示 妈妈可以一边做弯腰伸腿的动作一边读儿歌，读儿歌时语速要慢，吐字要清晰，重点教宝宝学说每句最后一个押韵的字“叫、早、腰、脚、操、好”，让宝宝学会发“ao”的音。

语言

我最喜欢……

宝宝说一说，图中的玩具你最喜欢哪一个吧！

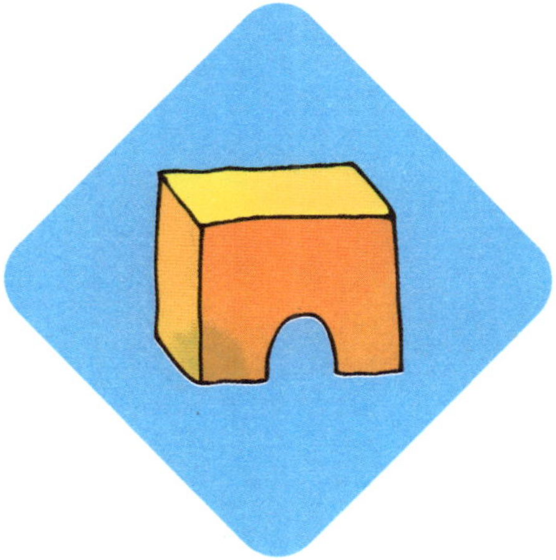

小提示　妈妈可以让宝宝观察图中的玩具，鼓励宝宝说“我最喜欢……”通过活动启发宝宝完整地表达自己的内心感受和意愿，提高宝宝的语言表达能力。

我学小动物

语言

图中的小动物都怎么叫？请宝宝学一学。

我学小猫喵喵喵，
走起路来静悄悄。
我学山羊咩咩咩，
走起路来轻飘飘。
我学青蛙呱呱呱，
走起路来蹦又跳。

小提示　妈妈边做动作边读儿歌，每句中表示叫声的字如“喵喵喵”等可以用重音读出来，以此来加深宝宝的印象。

语言

打电话

妈妈打来电话啦，宝宝快接电话吧！

小提示　妈妈可以装作打电话的样子，问宝宝："你叫什么名字？""你家住哪里？"等等，让宝宝一一回答。宝宝熟练后，可以练习说更多内容的句子。

乖娃娃

语言

天黑了，小宝宝睡觉了，看她睡得多香啊！

小枕头，枕枕好，
小宝宝，要睡觉。
不用拍，不用摇，
乖娃娃，睡得好。

小提示 让宝宝观察画面，妈妈用较慢的语速读儿歌，使宝宝能将儿歌内容与画面结合在一起。然后一句一句地教宝宝读，让宝宝体会“说”的乐趣。

语言

做什么用的

喝水用什么？用杯子。擦脸用什么？用毛巾。宝宝，你能说一说其他物品是做什么用的吗？

小提示　这个活动是让宝宝了解生活中常见物品的用途，同时培养宝宝说完整句子的能力。妈妈可以多带宝宝做这样的练习。

坐汽车

语言

宝宝看，小汽车开来了！跟着妈妈一起读儿歌吧！

小提示 妈妈先让宝宝学汽车的鸣叫声，然后再读儿歌给宝宝听。还可以让宝宝学一学其他车辆发出的声音。这个活动可以让宝宝通过声音来认识各种车，增加常识积累。

大蜻蜓

美丽的大蜻蜓飞来了！宝宝跟妈妈读一读儿歌吧！

小提示　妈妈先让宝宝说一说蜻蜓的特点，鼓励宝宝运用形容词，如“大大的眼睛”“美丽的翅膀”等。教宝宝读儿歌时，可配一些动作引起宝宝学“说”的兴趣，来提高宝宝的语言能力。

小鲤鱼

多么可爱的小鱼呀！宝宝跟妈妈读一读儿歌吧！

小提示 妈妈边读儿歌，边带领宝宝游戏，当说到“游水去”时，就模仿游泳的动作。宝宝熟练后，妈妈再教宝宝读儿歌。通过趣味活动，能让宝宝练习发音，增强语言表达能力。

语言

好朋友

宝宝，请根据画面说一说，谁和谁是好朋友吧！

青蛙和小鱼是好朋友。

山羊和牛是好朋友。

小兔子和松鼠是好朋友。

小提示　看图之前妈妈可以问宝宝和谁是好朋友，让宝宝初步了解朋友的概念，然后再结合每幅图的内容给宝宝读文字，可以告诉宝宝每对好朋友的共同点，比如青蛙和鱼都会游泳。

他们在做什么

语言

这些小朋友都在做什么呢？宝宝快来说一说吧！

小提示　妈妈让宝宝看图，引导宝宝运用准确的动词来描述每幅图的内容，如“小女孩在穿衣服”。在积累宝宝词汇量的同时训练宝宝的口语表达能力。

我当小主人

宝宝会用礼貌用语招待客人吗？学一学吧！

我当小主人，
招待小哥哥，
我请哥哥吃水果，
哥哥还说谢谢我！

小提示　家里有客人时，妈妈要让宝宝知道自己是小主人，应当招待客人。当客人说“谢谢”时，宝宝要说“不客气”，让宝宝学会使用礼貌用语。

娃娃快睡觉

语言

娃娃要睡觉，宝宝抱一抱，轻轻拍一拍，娃娃睡着了。

小提示　这是训练宝宝说简单完整句的小活动。宝宝在自己玩儿的时候，会边玩边说一些不规范的句子，这时妈妈可以帮助宝宝规范发音，提高宝宝的口语表达能力。

语言

小狗找妈妈

小狗怎么了？宝宝听妈妈读一读，再说一说吧！

1.小狗找不到妈妈了，很着急。

2. 小狗爬上桌子，大声叫着：
“汪、汪、汪！”

3. 狗妈妈听见叫声，在桌子上找到了小狗。狗妈妈和小狗都很开心。

小提示 妈妈给宝宝讲故事时语速要慢，可用肢体动作和语调的变化来吸引宝宝的注意力。在讲故事的过程中，妈妈可以通过让宝宝回答问题来提高宝宝的语言能力。

常识

- 认识生活中常见的蔬菜和水果；
- 了解日常用品的名称和用途；
- 能说出自己的五官和身体各部位的名称；
- 认识一些自然界中的动植物；
- 能区分早晨、中午和晚上；

……

常识

认识我的脸

宝宝的眼睛在哪儿？耳朵在哪儿？指一指，说一说吧！

小眼儿看景致儿，
小鼻子闻香气儿，
小耳朵听好音儿，
小嘴儿吃玫瑰儿。

说一说五官的名称。

小提示 妈妈可以引导宝宝在照镜子的时候认识自己的五官。宝宝熟悉后，妈妈边读儿歌边让宝宝指出自己的五官，并了解五官的用途，增强宝宝的常识认知能力。

身体棒棒

常识

宝宝跟妈妈边念儿歌边做动作吧！

小提示 妈妈教宝宝边念儿歌边拍身体的相应部位，让宝宝认识自己的身体器官。经常做这个游戏还可以促进宝宝全身各部位触觉的发展，增强宝宝的肢体协调能力。

不同的职业

图中的三位叔叔都是做什么工作的？请宝宝说一说他们的职业吧！

小提示 宝宝对人物职业的理解会有一定难度，妈妈可以引导宝宝通过人物的服装来识别人物的职业，同时还可以给宝宝讲解不同职业的人的工作内容。

水果和蔬菜

图中哪些是水果？哪些是蔬菜？请宝宝指一指。

小提示 妈妈先让宝宝一一说出图中蔬菜、水果的名称，然后告诉宝宝蔬菜和水果的区别，接着妈妈可以问宝宝还知道哪些蔬菜和水果。这个活动能让宝宝学会对事物进行简单分类。

常识

食物和餐具

要吃到图中的食物，分别应该使用什么餐具呢？请宝宝连一连吧！

小提示　这些食物是宝宝经常吃到的，妈妈可以先用实物来提问宝宝，接着再让宝宝看图回答问题。这个活动可以让宝宝知道事物之间是有联系的。

一起用的东西

常识

哪两个东西要一起使用呢？宝宝把它们连起来吧！

小提示　妈妈先让宝宝一一指认物品，引导宝宝说出每个物品的用途，再与宝宝的生活经验相结合，找出一起使用的物品。

常识

怕雨淋的东西

图中的东西哪些怕雨淋呢？宝宝来说一说吧！

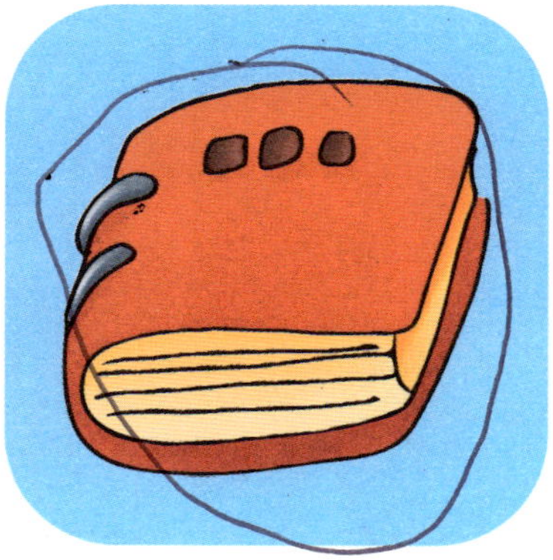

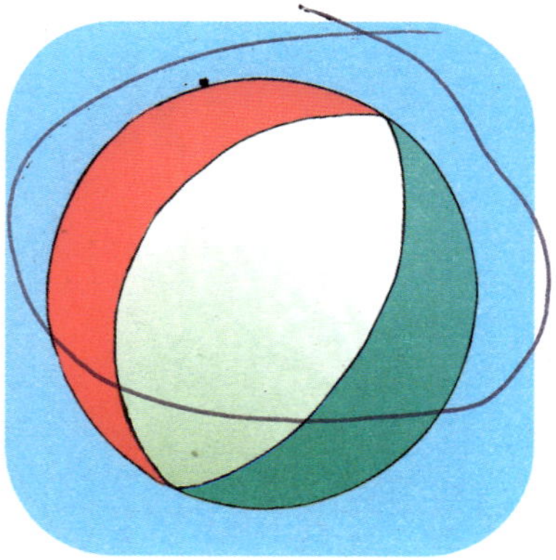

小提示　妈妈要告诉宝宝有些东西被雨淋过就会变形、发霉或损坏，不能再继续使用了。这个活动既增加了宝宝的生活常识，又培养了宝宝的分析推理能力。

动物的名字

图中的动物都叫什么名字？宝宝来答一答吧！

小提示　图中除了公鸡和奶牛外，其他都是宝宝不常见到的动物。妈妈可以先让宝宝指认公鸡、奶牛，以增强宝宝的信心，再引导宝宝认识其他的动物，增加宝宝的自然常识积累。

凉水和热水

哪个杯子里装的是凉水？哪个杯子里装的是热水？

小提示 妈妈可以在两个杯子里分别装上凉水和热水，引导宝宝发现热水冒气、凉水不冒气的现象，然后对照图片，从而得到问题的答案。要告诉宝宝不要用手去摸热水，避免烫伤。

毛毛虫

图中哪个小动物是毛毛虫变的？宝宝看一看，说一说吧！

小提示 妈妈可以指着母鸡和青蛙问宝宝它们分别是由什么动物长成的，进而引导宝宝说出蝴蝶是由毛毛虫变的。这个问题可以让宝宝了解小动物的多样性。

小脚印

请宝宝跟妈妈一起读儿歌，找出下面的小脚印分别属于谁。

小鸭的脚印像树叶，
小鸡的脚印像扫把，
小猫的脚印最漂亮，
就像盛开的小梅花。

小提示　妈妈先领宝宝读儿歌，再引导宝宝把小动物和对应的小脚印连起来。这个活动可以让宝宝知道不同动物之间的区别，从而加深宝宝对小动物的认知。

小动物的食物

常识

小狗、小兔和小羊都爱吃什么？请宝宝连一连吧！

小提示　妈妈先让宝宝指认三个小动物和三种食物，然后引导宝宝说出三个小动物喜欢吃的食物。这个练习能够帮助宝宝了解小动物的习性，增加常识积累。

常识

动物的家

宝宝知道这几个动物的家都在哪里吗？请连一连吧！

小提示 妈妈可以先告诉宝宝三幅图都是什么地方，然后告诉宝宝每个动物分别生活在哪里，这样宝宝就可以把动物和它们生活的地方连起来了。

早晨、中午和晚上

三幅图中的事情都发生在什么时间？请宝宝连一连吧！

早晨　　中午　　晚上

小提示　妈妈可以在实际生活中教宝宝了解“时间”的概念，告诉宝宝通过太阳、月亮来辨别白天和晚上，让宝宝知道不同的时间人们会进行不同的活动。

四季

宝宝能说一说下面四幅图分别是什么季节吗？

小提示　妈妈可以告诉宝宝四个季节的特征，比如：春天燕子飞来；夏天鲜花盛开；秋天果实丰收；冬天可以堆雪人。这个活动可以让宝宝知道季节和事物之间的联系。

亲子故事

- 乐于听一些篇幅稍长、有多个角色的故事；
- 对有生动情节的故事感兴趣；
- 喜欢重复说故事中出现过的语句；
- 能正确理解故事内容；
- 能根据故事内容正确回答问题；

……

三只小猪

猪妈妈有三个孩子：猪大哥、猪二哥和猪小弟。有一天，猪妈妈说："孩子们，你们长大了，应该自己生活了。"

于是，三只小猪决定自己盖房子。

猪大哥向农民要了一些稻草，盖了一间草房子。

猪二哥向木匠要了一些木头，盖了一间木房子。

猪小弟最勤劳，他向工匠要了一些砖和水泥，打算盖一间结实的砖房子。

猪大哥和猪二哥说："有住的地方就行了，用不着费那么大的力气。"说完，猪大哥和猪二哥就去玩了。猪小弟认认真真地盖房子，终于把砖房子盖好了。

一天傍晚，大灰狼来了。他来到猪大哥的草房子前，“呼、呼、呼”吹了三下，草房子轻飘飘地飞上了天。

猪大哥急忙跑到猪二哥家。

大灰狼来到猪二哥的木房子前，用身体“嘭、嘭、嘭”撞了三下，木房子“哗啦”一下就倒了。

猪大哥和猪二哥急忙跑到猪小弟家。

大灰狼又来到猪小弟的砖房子前，“呼、呼、呼”吹了三下，砖房子没动；“嘭、嘭、嘭”撞了三下，砖房子没摇。

砖房子真结实！

大灰狼看到房顶的烟囱，就爬到房顶，想要从烟囱爬进屋。猪小弟在炉子里点起了火，大灰狼一下子从烟囱滑到了火炉里。炉火把大灰狼的尾巴烧着了，吓得他立刻跳出火炉逃跑了。

三只小猪得救了。猪大哥和猪二哥说："砖房子真好，明天我们也要盖砖房子。"

亲子问答

★猪大哥盖了什么房子？猪二哥盖了什么房子？猪小弟盖了什么房子？

★谁的房子最结实？

小白兔和小灰兔

山羊公公在地里收白菜。小白兔和小灰兔跑来帮忙。收完白菜，山羊公公送给小白兔和小灰兔每人一车白菜，小灰兔收下白菜说：“谢谢您！山羊公公。”

小白兔说：“山羊公公，我不要白菜，您送给我一包菜子吧！”

小白兔回到家，把菜子种在地里，天天浇水、施肥。小灰兔把山羊公公送的菜运回家，天天吃白菜。

不久，小灰兔把白菜吃光了，又去找山羊公公要，却看见小白兔推着一车白菜要给山羊公公送去。小灰兔奇怪地问：“咦，你从哪里弄来的白菜？”小白兔说：“这是我自己种的。只有自己种，才有吃不完的菜。”

亲子问答

★小白兔和小灰兔帮助谁收白菜？
★小白兔自己种出白菜了吗？

猴子捞月

一天晚上，一只小猴子在井边玩。它玩着玩着，低头一看，看到井里有一轮又大又圆的月亮。小猴子急忙大叫起来：“不好了，月亮掉到井里了！”

老猴子听见喊声，跑到井边一看，呀，月亮真的掉到井里了。于是，老猴子也喊起来：“不好了，月亮掉到井里了。”

一群猴子跑过来，往井里一看，可不是嘛，月亮真的掉到井里了。

猴子们说：“我们把月亮捞上来吧。”

于是，老猴子倒挂在树上，拉住大猴子的腿，大猴子拉着瘦猴子的腿，猴子们一个拉着一个，一直连到井里，小猴子在最下面。

小猴子伸手去捞月亮，手刚碰到水面，月亮就碎了。老猴子抬头一看，哈哈，月亮还挂在天上呢！原来井里是月亮的影子啊！

亲子问答

★是谁最先发现“月亮掉到井里”的？

★月亮真的掉到井里了吗？

拔萝卜

老公公种了一个萝卜，长得像小房子一样大。老公公拉住萝卜的叶子拔萝卜，“哎哟，哎哟……”拔呀拔不动。

老公公喊老婆婆：“老太婆，老太婆，快来帮我拔萝卜呀！”

“来了，来了！”老婆婆拉着老公公，老公公拉着大萝卜，一起用力，“哎哟，哎哟……”拔呀拔不动。

老婆婆喊：“小姑娘，小姑娘，快来拔萝卜！”

“来了，来了！”老公公、老婆婆和小姑娘一起拔萝卜。“哎哟，哎哟……”还是拔不动。

小姑娘喊：“小黄狗，小黄狗，快来拔萝卜呀！”

“汪汪汪！来了，来了！”老公公、老婆婆、小姑娘和小黄狗一起拔萝卜。“哎哟，哎哟……”用力拔呀拔，就是拔不动。

小黄狗喊：“小花猫，小花猫，快来拔萝卜！”

“喵喵喵！来了，来了！”老公公、老婆婆、小姑娘、小黄狗和小花猫一起拔萝卜。大家一起用力拔呀拔，还是拔不动。

小花猫喊：“小老鼠，小老鼠，快来拔萝卜！”

“吱吱吱！来了，来了！”老公公、老婆婆、小姑娘、小黄狗、小花猫和小老鼠一起拔萝卜。

嘿！

嘭！小老鼠、小花猫、小黄狗、小姑娘、老婆婆、老公公都摔了个脸朝天。

大萝卜终于拔出来了。

亲子问答

★都有谁来拔萝卜？

★萝卜最后拔出来了吗？

小兔乖乖

兔妈妈有三个可爱的孩子，他们是：红眼睛、长耳朵、短尾巴。有一天，兔妈妈要到森林里找吃的，临走前，她对孩子们说：“你们好好看家，千万别给坏人开门。”

兔妈妈走了没多久，大灰狼就来了。

大灰狼敲了敲门，学着兔妈妈的声音说：“小兔乖乖，把门开开，快点开开，妈妈回来了。”

红眼睛和短尾巴一听，马上就要去开门。长耳朵最机灵，他说：“先从窗户看一看。”三只小兔趴着窗户一看，呀！外面站着大灰狼。

怎么办呢？

三只小兔想了想，对大灰狼说：“我们可不知道你到底是不是妈妈。我们把门打开一条缝，你把尾巴伸进来，让我们看一看。”大灰狼想：如果小兔把门打开，我就趁着把尾巴伸进去的机会闯进屋里。于是，大灰狼说：“好啊好啊！”

三只小兔把门打开一条小缝。大灰狼刚把尾巴伸进来，小兔们就立即把门关上了。哈哈，大灰狼的尾巴被紧紧地夹在门里了。

兔妈妈回来后，看到大灰狼，找来一根棍子，向着大灰狼的头打去。大灰狼急忙挣断尾巴逃走了，以后再也不敢来了。

亲子问答

★三只小兔都叫什么名字？

★三只小兔是怎样对付大灰狼的？

小猫钓鱼

一天，猫妈妈带着顽皮的小猫到河边钓鱼。猫妈妈很快就选好地方坐了下来，然后装好鱼饵，抛下鱼线，静悄悄地等着鱼上钩。

小猫呢？她拿着钓鱼竿，这儿看看，那儿瞧瞧，好不容易才选好地方。她装好鱼饵，也学着妈妈的样子钓起鱼来。

不一会儿，一对蝴蝶飞了过来，绕着河边的鲜花上下飞舞。小猫看蝴蝶好看，就丢下钓鱼竿去捕蝴蝶。小蝴蝶飞呀飞，小猫追呀追。可蝴蝶越飞越快，不一会儿就没

了踪影。小猫只好垂头丧气地回到河边继续钓鱼。

这个时候，猫妈妈已经钓到好几条鱼了。

不一会儿，一只蜻蜓飞过来。小猫又扔下钓鱼竿去捉蜻蜓。蜻蜓飞呀飞，很快就飞走了。小猫没捉到蜻蜓，又回到河边钓鱼。河里的大青蛙见小猫钓鱼不专心，就想捉弄她。于是，他把河底的一只破草鞋挂在了小猫的钓钩上。

小猫觉得钓鱼竿猛地一沉，以为是大鱼上钩了，就大喊：“我钓到鱼了，我钓到鱼了！”可是当她把钓竿提起来一看，才发现原来是只破草鞋。小猫一下子羞红了脸。

中午，猫妈妈领着小猫回家吃午饭。吃着妈妈钓到的鱼，小猫心里真不是滋味儿。她暗暗下决心，下午一定认认

真真地钓鱼。

下午，小猫可认真呢，蝴蝶飞过来，她看都不看一眼。蜻蜓飞过来，她也紧紧地盯着水面。不一会儿，啊，钓钩沉了，小猫急忙把鱼竿拉上来。哇，这回钓上来好大一条鱼呀！小猫开心极了。

亲子问答

★小猫上午为什么没有钓到鱼呢？

★小猫下午钓到鱼了吗？

小蝌蚪找妈妈

美丽的春天来了，池塘里的冰融化了，柳树长出了绿色的叶子。

青蛙妈妈在泥洞里睡了整整一个冬天，也醒过来了。她从泥洞里慢慢地爬出来，伸了伸腿，“扑通”一声，跳进池塘里。在碧绿的水草上，青蛙妈妈产下了许多黑黑的、圆圆的卵。

春风吹着，阳光照着，池塘里生机勃勃。青蛙妈妈产下的卵慢慢地活动起来，变成一群大脑袋、长尾巴的小蝌蚪。

小蝌蚪在水里游来游去，非常快乐。

有一天，鸭妈妈带着小鸭子到池塘游泳。小鸭子跟在妈妈的后面，“嘎嘎嘎”地叫着。小蝌蚪看见了，就想起了自己的妈妈。

他们你问我，我问你：“我们的妈妈在哪里呢？”可是他们谁也不知道妈妈在哪儿。

他们游到鸭妈妈的身边，问：“鸭妈妈，鸭妈妈，您知道我们的妈妈长什么样吗？她在哪里呢？”

鸭妈妈热情地回答说:“你们的妈妈有两只大眼睛,嘴巴又宽又大。好孩子,你们到前面去找找吧!”

“谢谢您,鸭妈妈!”小蝌蚪高高兴兴地向前面游去。

一条大金鱼游过来了,小蝌蚪看见大金鱼头顶上有两只大眼睛,嘴巴又宽又大。他们想,一定是妈妈来了,就追上去喊:“妈妈!妈妈!”

大金鱼笑着说：“我不是你们的妈妈。我是小金鱼的妈妈。你们的妈妈肚皮是白的。好孩子，你们到前面去找吧！”

“谢谢您！金鱼妈妈！”小蝌蚪又向前面游去。

一只大螃蟹从对面游了过来。小蝌蚪看见螃蟹的肚皮是白的，就迎上去大声叫：“妈妈！妈妈！”

螃蟹摆着两只大钳子，笑着说：“我不是你们的妈妈。你们的妈妈只有四条腿，你们看我有几条腿呀？”

小蝌蚪一数，螃蟹有八条腿，就不好意思地说：“对不起呀，我们认错了。”然后又向前面游去。

一只大乌龟在水里慢慢地游着，后面跟着一只小乌龟。小蝌蚪游到大乌龟跟前，仔细数了数大乌龟的腿：“一条，两条，三条，四条。四条腿！四条腿！这回可找到妈妈啦！”

小乌龟一听，急忙爬到大乌龟的背上，昂着头说：“你们认错啦。她是我的妈妈。”

大乌龟笑着说：“你们的妈妈穿着好看的绿衣裳，唱起歌来‘呱呱呱’，走起路来一蹦一跳。好孩子，快去前面找她吧！”

“谢谢您，乌龟妈妈。”小蝌蚪继续向前面游去。

小蝌蚪游呀游，游到池塘边，看见一只青蛙坐在圆圆的荷叶上呱呱呱地唱歌。

小蝌蚪游过去，小声地问：“请问您看见我们的妈妈了吗？她有两只大眼睛，嘴巴又宽又大，四条腿，走起路来一蹦一跳的，白白的肚皮，穿着绿衣裳，唱起歌来呱呱呱……”

没等小蝌蚪说完，青蛙就呱呱呱地大笑起来。她说：“傻孩子，我就是你们的妈妈呀，我已经找你们好久啦！”

小蝌蚪听了，一齐摇摇尾巴说：“奇怪！奇怪！为什么我们长得跟您不一样呢？”

青蛙笑着说：“你们还小呢。过几天，你们会长出两条后腿来；再过几天，又会长出两条前腿。四条腿长齐了，脱掉尾巴，换上绿衣裳，就跟妈妈一样了。”

小蝌蚪听了，高兴得在水里翻起跟头来：“呵！我们找到妈妈了！我们找到妈妈了！”

青蛙“扑通”一声跳进水里，带着小蝌蚪一块儿游玩去了。

过了几天，小蝌蚪真的像妈妈说的那样长大了，变成了小青蛙。

小青蛙常常跳到岸上捉虫吃，还快活地唱着：“呱呱呱，呱呱呱，我们长大啦！我们会捉虫，捉尽害虫，保护庄稼！”

亲子问答

★小蝌蚪找妈妈时都遇到了谁？

★小蝌蚪最后找到妈妈了吗？

好习惯

- 会自己洗手，会捧杯喝水；
- 自己可以穿、脱宽松的衣服，会系扣子；
- 大小便只需成人略加帮助；
- 能把玩具放回原位；
- 生活独立性增强；

……

好习惯

洗洗小手讲卫生

哗哗流水清又清，洗洗小手讲卫生。用毛巾擦擦手，宝宝小手真干净。

小提示　妈妈应早早地教宝宝学会自己洗小手，用毛巾擦干小手，平时还应告诉宝宝餐前、便后都要洗手，经常提醒宝宝，能促进宝宝养成良好的生活习惯。

我爱洗澡

乖宝宝爱洗澡，洗洗头洗洗脚，干干净净人人爱，大家都夸宝宝好。

小提示　有的宝宝在洗澡时会出现烦躁的情绪，妈妈可以让宝宝知道，勤洗澡是一个好习惯，大家都喜欢爱洗澡的宝宝。

不乱挖鼻子

小鼻子，很重要，不揉不抠保护好。宝宝要爱护自己的小鼻子哟！

小提示　妈妈要经常告诉宝宝：不要用手去挖鼻孔，如果有鼻涕要用手帕或软纸擦，不要把东西塞进鼻孔里。鼻腔中毛细血管很丰富，用手抠、挖、塞东西会造成出血或引发炎症。

大小便我会说

有便了，我知道，告诉妈妈快帮忙，大便小便都会说，妈妈夸我好宝宝。

小提示　宝宝在这个时期已经能够感知自己要大小便了。妈妈应锻炼宝宝在有便时，用语言或动作告诉妈妈，养成良好的生活习惯。

好习惯

宝宝跟妈妈读一读下面的儿歌。说了什么事，宝宝记住了吗？

外出回来要洗手，
饭后记得要漱口，
养成生活好习惯，
做个健康小朋友。

小提示　很多生活好习惯要从小培养，妈妈要时时提醒宝宝这些日常习惯，帮助宝宝树立健康意识。

聪明的宝宝

学一学图中的小朋友,试着自己穿衣服,穿袜子吧!

小提示　妈妈应让宝宝学着自己穿衣服,穿袜子,这样既能锻炼宝宝的肢体协调能力,又能培养宝宝的独立性。

早睡早起

早睡早起真是好，健健康康身体棒。宝宝每天都按时起床，按时睡觉吗？

小提示 妈妈应该及早让宝宝养成按时起床、按时睡觉的习惯，这样不仅对宝宝的健康有好处，而且可以让宝宝很好地融入到幼儿园的集体生活中去。

走台阶

下坡身体稍向后，上坡身体向前倾，这样上坡又下坡，又平衡来又轻松。

小提示 这个年龄段的宝宝非常好动，特别喜欢走台阶。这时妈妈要时刻提醒宝宝注意安全，开始时，可用手扶着宝宝走，待宝宝走稳后，再让宝宝独自走。

好习惯

打针我不哭

如果生病了，可能会打针。宝宝要勇敢，打针时不哭。

小提示　宝宝打针时，妈妈可以带一些宝宝喜欢的玩具让他玩，或者聊一聊宝宝有兴趣的话题，如“猫和老鼠的动画片”分散宝宝的注意力。妈妈也要鼓励宝宝不哭闹，坚强勇敢。

收拾桌子

图中的小宝宝在做什么呢？宝宝会这样做吗？

小提示　妈妈在收拾饭桌的时候应让宝宝也参与进来，可以让宝宝拿一些容易拿的餐具，比如小碗、筷子。这样的活动能让宝宝体会到劳动的快乐，养成热爱劳动的习惯。

好习惯

逛超市不乱跑

宝宝跟妈妈去超市时，要听话，不乱动，不乱跑，做个乖宝宝。

小提示　带宝宝出门的时候，宝宝感到好奇的事物，妈妈可以给宝宝讲一讲或带他看一看，满足他的好奇心。平时，妈妈要给宝宝讲解公共场所的行为准则，帮助宝宝积累社会常识。

人际交往

- 能正确说出各类人的称呼；
- 能感受到周围人的关爱；
- 会使用一些常用礼貌用语；
- 能说出一些同伴的名字；
- 愿意与同伴交往；

……

怎样称呼

宝宝看一看图中都有谁，说一说吧！

小提示 妈妈可以一边指着图中的人物一边问宝宝：“这是谁？应该怎么叫呢？”平时，妈妈要注意教宝宝记常用称呼，培养宝宝的人际交往能力。

和妈妈一起玩

和妈妈一起玩游戏吧！宝宝要配合妈妈哟！

我和妈妈一起玩，
拍拍手，跺跺脚，
“啪啪”“嗒嗒”真快乐！

小提示　妈妈要为宝宝创造实际情景学习交往技能，比如创设一些必须分享的游戏。宝宝逐渐长大后，可以邀请其他宝宝一起游戏，提高宝宝的人际交往能力。

说什么

阿姨给宝宝一支棒棒糖，宝宝应该说什么呢？

小提示 让宝宝学习礼貌用语，妈妈、爸爸要以身作则。平时，妈妈可以带宝宝拜访亲友或邀请其他宝宝来家里玩，增强宝宝的交往能力。

这样做对吗

宝宝看一看：图中的小朋友在做什么？她们这样做对吗？

小提示　这个年龄段的宝宝独占欲很强，经常会出现与其他小朋友争抢玩具的行为。妈妈要教育宝宝学会与别人分享玩具或喜爱的物品；如果想获得别人的东西，要征求别人的同意。

我来教你玩

皮球圆又圆，小手拍一拍。一二三四五，皮球跳起来。瞧，小哥哥多懂事，他在教小弟弟玩球呢！

小提示　妈妈可以告诉宝宝：小伙伴不会玩的游戏，宝宝应该主动去教小伙伴；宝宝自己不会玩的游戏，也应该请求小伙伴来帮助自己。让宝宝体会帮助他人与接受他人帮助的快乐。

苹果你先吃

图中两个宝宝都有一个苹果，请你看一看谁做得好？谁是懂事的孩子？

小提示　平时吃水果的时候，妈妈要告诉宝宝先把水果分给别人吃。培养宝宝谦让的美德，有利于宝宝人际交往能力的发展。

我的小伙伴

宝宝的小伙伴都叫什么名字？跟妈妈说一说吧！

小提示　良好的伙伴关系有助于宝宝身心的健康发展。妈妈要多营造宝宝与小伙伴交往的环境，如多带宝宝到小朋友聚集的地方，鼓励、指导他和小朋友玩。

帽子借你戴

小妹妹被太阳晒得好热，宝宝，把帽子借给小妹妹戴好吗？

小提示 让宝宝尝试描述画面内容，引导宝宝了解：关爱小伙伴，帮助他人是一种良好的品德。在生活中，妈妈可以让宝宝去尝试各种关爱方式，让宝宝在体验的快乐中健康成长。

送贺卡

过年了，宝宝把漂亮的贺卡送给好朋友吧！

小提示 节日的时候，妈妈可以和宝宝亲手做一张贺卡，送给宝宝的小伙伴。在制作礼物和赠送礼物的过程中，让宝宝体会关爱他人的情感，增强宝宝的人际交往能力。

艺术

- 认识多种颜色，并对颜色产生较大兴趣；
- 喜欢乱涂乱画，从中获得创作的乐趣和成就感；
- 手眼的协调能力增强；
- 会根据音乐模仿小动物的动作；
- 喜欢制作艺术作品；

……

给小狮子涂色

请宝宝给下面的小狮子涂上颜色，让它变得更漂亮吧！

小提示　妈妈可以让宝宝根据自己在动画片或者书里见到的狮子的形象来涂颜色，甚至可以让宝宝发挥想象，给狮子涂上任何宝宝认为好看的颜色。

向日葵

请宝宝按照下面的步骤，用橡皮泥捏出一个漂亮的向日葵吧！

1.捏一个圆饼。

2.做出椭圆形的叶片和圆柱形的枝干。

3.粘上花瓣，刻出花纹，完成。

小提示 当宝宝捏出的橡皮泥的形状不合规范时，妈妈要帮助、引导宝宝捏出正确的形状，还要提醒宝宝给向日葵的每个部分选择正确颜色的橡皮泥。

避雨

下雨了，请宝宝在画面中再添画一些雨点吧！

小提示 画画前妈妈应让宝宝观察图中的雨滴的形状，再指导宝宝画出和图中形状、大小相同的雨滴。

美丽的小花

艺术

小熊有一个美丽的大花园。请宝宝为花园里的小花涂上喜欢的颜色吧！

小提示　妈妈应先引导宝宝观察整幅图，再让宝宝给小花涂颜色。宝宝的世界是丰富多彩的，无论宝宝给花涂什么颜色，妈妈都要鼓励。

画水果

宝宝喜欢吃哪些水果呢？试着画下来吧！

小提示 妈妈可以先让宝宝说出自己喜欢吃的水果，然后让宝宝对照着真实的水果进行绘画。让宝宝来选择画什么，能极大地调动宝宝画画的积极性。

海底世界

艺术

海底世界真美啊！请宝宝给没有颜色的螃蟹和小鱼涂上好看的颜色吧！

小提示　这是给场景图的一部分涂色的活动，妈妈可以拿一些螃蟹和小鱼的图片，指导宝宝把没有颜色的螃蟹和小鱼涂成和图中相同的颜色。

敲一敲 听一听

瞧，小哥哥在敲打不同的物品，你知道会发出什么声音吗？试试就知道了。

小提示　妈妈可以指导宝宝用轻、重、快、慢、连续、间歇等不同的节奏来敲打器皿。宝宝喜欢各种新奇好玩的东西，用筷子敲打各种器皿，能引起宝宝的兴趣，培养宝宝的韵律感。

小风车

图中的蜡笔是什么颜色的？请宝宝用这四种颜色的蜡笔给风车涂色吧！

小提示 妈妈应先让宝宝对照图片挑选出正确颜色的蜡笔，然后再给风车涂颜色。这个活动可以训练宝宝用指定颜色的蜡笔涂颜色的能力。

纸团画

纸团画真好看呀，宝宝快来试着印一印吧！

小提示 这个活动能够培养宝宝的色彩感知能力和创造力。宝宝创造出一幅画时，要给予表扬，并鼓励宝宝说一说印的是什么。

猜动物

请宝宝把画有■的地方涂上颜色吧！看看涂出了什么图案。

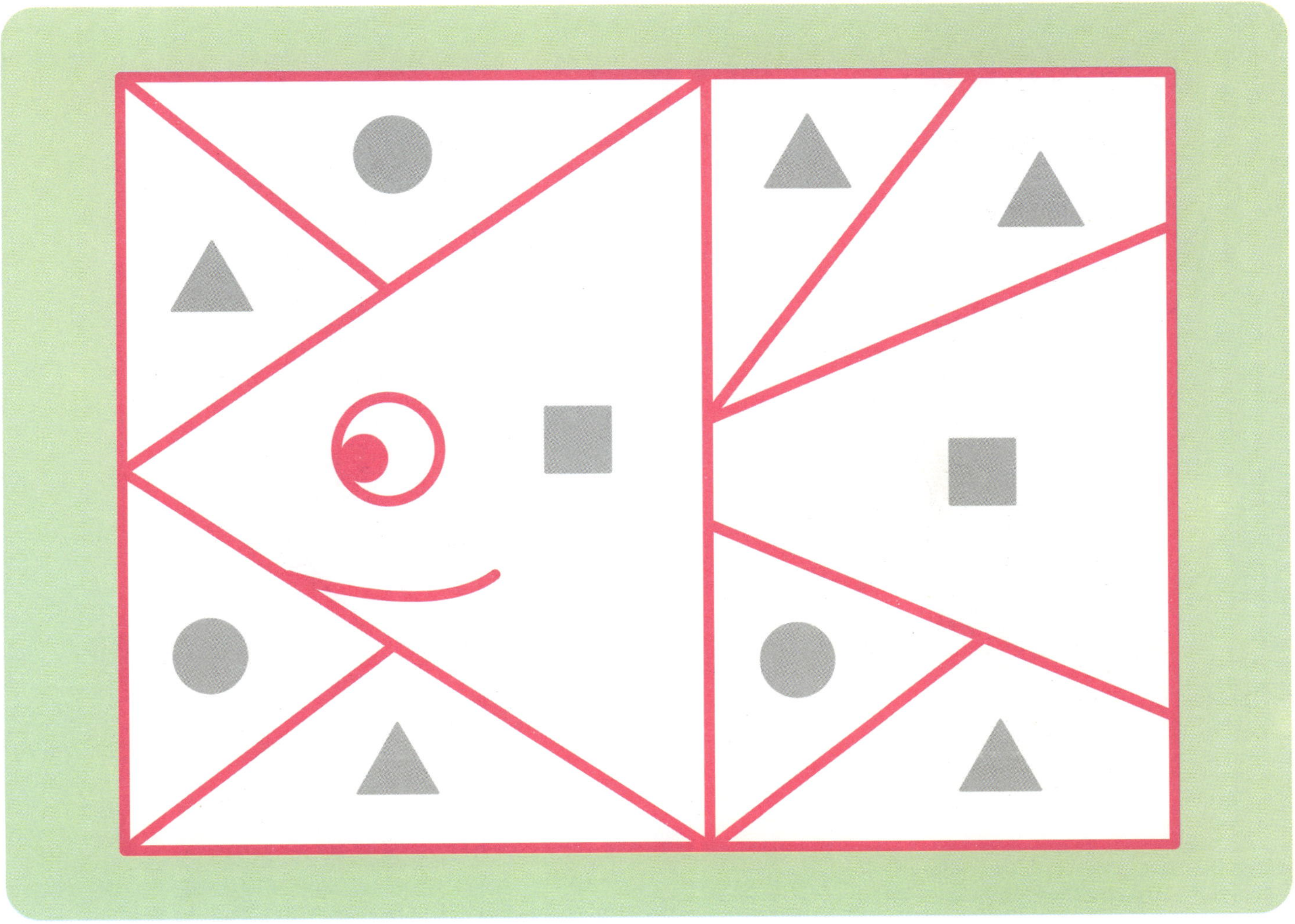

小提示　宝宝要能认识并正确区分圆形、正方形和三角形，才能准确涂出小鱼的图案，所以妈妈要先考查一下宝宝对三种图形的掌握情况，然后再指导宝宝涂颜色。

艺术

苹果树

大苹果，甜又甜，红红一片真好看，你一个，我一个，妈妈宝宝都喜欢。快在树上多贴几个苹果吧！

小提示 妈妈用红色的纸剪成苹果形状，让宝宝贴到树冠上，贴得越多越好。这个游戏可以培养宝宝对剪纸和贴纸的兴趣。

亲子游戏

- 身体协调能力增强；
- 能做“迈”“钻”等较为复杂的动作；
- 与自己单独游戏相比，更喜欢和别人一起玩；
- 想象力丰富，游戏内容花样繁多；
- 愿意与成人游戏，主动性增强；

……

小火车

呜呜呜，火车开来了。宝宝把动物放进车厢吧！

①将三个鞋盒粘在一起，做成一列小火车。

②让宝宝把三个小动物排好队。

③妈妈发出指令，让宝宝按顺序将小动物“送”上火车。

小提示　妈妈可以多准备一些盒子和玩具，让宝宝按顺序将玩具放进“火车的车厢”里。这个游戏能够锻炼宝宝的排序能力和对应能力。

抛皮球

花皮球，圆又圆，小宝宝最喜欢。扔给宝宝玩一玩，皮球空中转呀转。

①妈妈抛球，宝宝接球。

②宝宝抛球，妈妈接球。

③宝宝练习自己抛自己接球。

小提示

互抛皮球时，妈妈一定要抛到宝宝胸前最有利他接到的位置，宝宝抛球时也要提醒他“往妈妈这里抛。”这个游戏能够锻炼宝宝抛、接的动作技能。

亲子游戏

青蛙跳荷叶

小青蛙，叫呱呱，蹦蹦跳跳笑哈哈！宝宝学一学青蛙跳吧！

小提示 妈妈将几个呼啦圈并排放在户外空地上，当做“荷叶”，带着宝宝跳一跳。这个游戏能锻炼宝宝的跳跃能力和大动作技能。

钻山洞

亲子游戏

宝宝钻山洞喽，抬起腿，向前迈，低下头，钻过来。

小提示　对于宝宝来说，“迈”和“钻”两个动作具有一定难度。开始时游戏难度要低一些，妈妈要提醒宝宝扶着爸爸、妈妈围成的“圈”，抬腿迈，低头钻。

亲子游戏

铃儿响叮当

小铃铛挂得真高啊！怎样才能拍到小铃铛呢？宝宝快来想想办法吧！

小提示　先让宝宝自己想办法够铃铛，宝宝想不出办法时，可以告诉宝宝站到沙发上拍铃铛，让爸爸、妈妈抱着拍铃铛等。这个小游戏可以训练宝宝的跳跃能力和解决问题能力。

打穿报纸

宝宝的小拳头有劲儿吗？试一试打穿报纸吧！

小提示　这个游戏可以加强宝宝手部力量的使用技巧。爸爸、妈妈拿报纸时注意要拿紧，避免宝宝打击时用力过大摔倒。

搭积木

我和妈妈搭积木，搭出一幢大高楼。宝宝快来搭积木吧！

小提示 游戏过程中，妈妈可以告诉宝宝将大块的积木放在最下面，这样搭起的高楼会更稳固。这种训练，可以锻炼宝宝的动手能力和逻辑思维能力。

指五官

妈妈在唱什么？宝宝听懂了吗？快来做一做吧！

1 2 3 / 3 4 5 / 5 6 5 3 / 1 3 2 /

你 用 手 指 一 指 你 的 鼻 子 在 哪 里？

小提示 妈妈边唱歌边拍手，让宝宝感知歌曲节奏。当宝宝熟练后，妈妈唱，宝宝拍，唱完后提示宝宝指着自己的鼻子说“在这里”。妈妈可用同样的方法，训练宝宝指身体其他部位。

亲子游戏

门铃响了

门铃响了，是谁来了呢？宝宝来问一问吧！

小提示 妈妈问："外面是谁呀？"鼓励宝宝说："我是宝宝呀！"然后妈妈与宝宝互换角色，让宝宝问，妈妈答。熟练后，可以加入"请进吧！""谢谢啦！"等日常短句。